魔女やおばけに変身！

楽しい ハロウィン 工作

② 妖精・忍者ほか

いしかわ☆まりこ

汐文社
ちょうぶんしゃ

～ようこそ、ハロウィン工作の世界へ～

ハロウィンといえば仮装！

今年は何を着ようかな…！？

この本で着たいコスチュームをさがしてみよう！

妖精に忍者に赤ずきん…

着てみたい衣装が、どれも身近に手に入る材料で簡単にできるよ。

ハロウィンを楽しむためのアイデアやヒントもいっぱい。

帽子やおめんだけでもハロウィン気分になれるからチャレンジしてね！

さあ、ポリ袋や折り紙で

オリジナルのコスチュームをつくって変身しちゃおう！

Happy Halloween ！！

ステキな思い出をつくってね。

いしかわ☆まりこ

この本でのおやくそく

●はさみは、机に向かってすわり、まわりに人がいないことをたしかめてつかうよ。カッター、めうちをつかうときは、かならずおとなの人といっしょにね。
●じぶんの手を切らないように気をつけてね。
●ポリ袋はかぶって遊ぶとあぶないよ。
●ポリ袋の衣装を着るときは、モデルさんのように中にロングTシャツやタイツ、長ズボンなどを着用してね。肌にじかに着るためのものではないよ。
●目安としてモデルさんの身長を書いています。じぶんのサイズに合わせてつまんではったり、丈を切ったりして調整してね。

もくじ

この本でつかうおもな材料

だいかつやく！

45リットルサイズをおもにつかうよ。

ポリ袋

レジ袋

色画用紙

厚紙（工作用紙）

発泡スチロール製どんぶり

カチューシャ

折り紙

輪ゴム・平ゴム

プチプチ梱包シート

1枚1枚になっているタイプがおおいよ。

便利な束タイプ

お花紙

リボン

カラーロープ

ストロー

水切りフィルター 不織布タイプ

水切りネット

キラキラモール

おかずカップ

紙コップ

紙皿

ティッシュの箱

牛乳パック

☆ほかに段ボール板、アルミの皿、紙製どんぶりなどもつかっているよ。

この本でよくつかう道具やべんりアイテム

☆ほかにも穴あけパンチ、カッターなどもつかっているよ。

はさみ

めうち

ペン

セロハンテープ

ガムテープ

ものさし

メジャー

両面テープ

接着剤

のり

マスキングテープ

道具のマーク

はさみ　セロハンテープ　接着剤　両面テープ　のり　マスキングテープ ガムテープ キラキラテープ テープ類

スカートをふくらませるための

パニエのつくりかた

材料　プチプチ梱包シート　100×50センチくらい　2～3枚　平ゴム（白）80センチ

1 たて長に半分に折る。2～3枚同じものをつくる。

2 平ゴムをはじにはっておき、はさんで折る。

はじにはっておく　2～3センチ

3 上の1枚をめくる。

〈めくったところ〉

4 ギャザーをよせる。

よせたところ

半分に折ったもの 2枚目

5 2枚目をつける。2～4と同じようにする。

下にはくとスカートがふわっとするの♡

6 3枚目もつける。2～4をくり返す。

☆たくさんつければつけるほどボリュームのあるパニエになるよ。
☆大きい梱包シートがないときは、小さいサイズをつないでね。

7 平ゴムをぐるっと輪にして、むすび、切る。

☆身体の大きさに合わせてね。

P8のプリンセス、P10のピンクプリンセスでつかっているよ！

プリンセス

トップス→そで→スカートの順で着たら、しあげにベルトをまいてね！

ベルトのつくりかたは P37 をみてね！

P5 のパニエを中にはいているよ！

Back

ティアラ

材料　工作用紙（金色）1枚、輪ゴム2本、リボン（幅8ミリくらい）40センチ、キラキラシール

6センチ　3.5センチ　3.5センチ　3.5センチ

とんがり11個

40センチ　キラキラシール　リボン

1 金色の工作用紙を図のように切りかざりをはる。
（工作用紙に金色の折り紙をはって切っても OK）

2 はしっこを折り返し、つなげた輪ゴムをはさんでテープではる。

※輪ゴムの色はわかりやすいように変えて表示しています。

☆頭の大きさに合わせてゴムをつなげて長さを調整してね！

トップス

☆モデルさんは 153 センチです。身長に合わせて調整してね！

材料 ポリ袋　45 リットル（水色）1 枚、平ゴム（白）80 センチ、不織布の水切りフィルター（白）25 × 30 センチ　3 枚

1 底を切りとり半分におる。うでが出る部分を切りとる。ひらいたあと上から 15 センチ折る。

せんたくばさみでおさえるといいよ。

2 平ゴムをぐるっとはさんでテープでとめる。ギュッとギャザーをよせて結び、手前の 1 枚だけ内側にめくる。

3 うら返す。

4 水切りフィルターをじゃばら折りしたお花を 3 つつける。

広げてテープでとめる

〈水切りフィルター〉

そで

材料 ポリ袋　45 リットル（水色）、平ゴム（白）50 センチ　2 本

1 横長に半分に切る。それぞれを半分に折る。

2 平ゴムをはさんでテープでとめる。手前の 1 枚だけうしろにめくる。

3 半分に折る。

4 平ゴムを引っぱってゴムを結び、切る。結び目の下をテープではる。

水切りフィルター
不織布
三角コーナー用
40

スカート

材料 ポリ袋　45 リットル（水色）3 枚、（白）4 枚、平ゴム（白）80 センチ、不織布の水切りフィルター（白）2 枚

はらない　水色　5 センチ

ここは白だけつなげる

白　白　白　白

水色 10 センチはみ出すように重ねる

1 水色のポリ袋に白のポリ袋をかさねたものを 3 組つくる。1 枚だけの白のポリ袋をはさんではりあわせる。

2 平ゴムをはさんでテープでとめる。

3 手前の 1 枚だけうしろにめくる。間にはさんだ白 1 枚もいっしょにめくる。

4 半分に折って、平ゴムを引っぱってウエストに合わせてギャザーをよせて結ぶ。

5 ゴムを切り、水切りフィルターのお花をつける。

白の 1 枚がまん中にくる

ベルトのつくりかたは P 37 をみてね！

9

ピンクプリンセス

Back

ワンピースを着た上から
スカーフ、スカートを身に
つけるよ！

P5のパニエを中に
はいているよ！

ミニティアラ

材料 紙コップ（ピンク水玉柄）1つ、カチューシャ1つ、
ハートのシール4枚

シールをはる

1 口から切りこみを入
れ、紙コップをギザ
ギザに切る。

2 カチューシャに**1**の底
をしっかりはる。

前　横

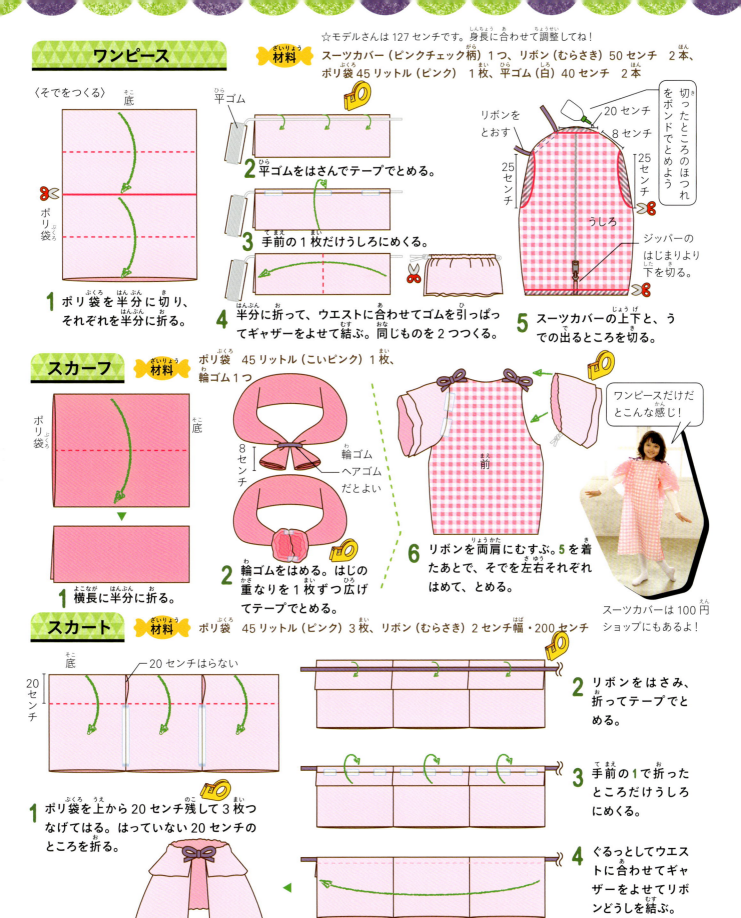

☆モデルさんは 127 センチです。身長に合わせて調整してね！

ワンピース

材料 スーツカバー（ピンクチェック柄）1つ、リボン（むらさき）50 センチ　2本、ポリ袋 45 リットル（ピンク）　1枚、平ゴム（白）40 センチ　2本

〈そでをつくる〉

1 ポリ袋を半分に切り、それぞれを半分に折る。

平ゴム

2 平ゴムをはさんでテープでとめる。

3 手前の1枚だけうしろにめくる。

4 半分に折って、ウエストに合わせてゴムを引っぱってギャザーをよせて結ぶ。同じものを2つつくる。

切ったところのほつれをボンドでとめよう

20 センチ
8 センチ
25 センチ
25 センチ

リボンをとおす

うしろ

ジッパーのはじまりより下を切る。

5 スーツカバーの上下と、うでの出るところを切る。

スカーフ

材料 ポリ袋　45 リットル（こいピンク）1枚、輪ゴム1つ

1 横長に半分に折る。

8センチ

輪ゴム
ヘアゴムだとよい

2 輪ゴムをはめる。はじの重なりを1枚ずつ広げてテープでとめる。

前

6 リボンを両肩にむすぶ。5を着たあとで、そでを左右それぞれはめて、とめる。

ワンピースだけだとこんな感じ！

スーツカバーは 100 円ショップにもあるよ！

スカート

材料 ポリ袋　45 リットル（ピンク）3枚、リボン（むらさき）2センチ幅・200 センチ

底
20 センチ
20 センチはらない

1 ポリ袋を上から 20 センチ残して3枚つなげてはる。はっていない 20 センチのところを折る。

2 リボンをはさみ、折ってテープでとめる。

3 手前の1で折ったところだけうしろにめくる。

4 ぐるっとしてウエストに合わせてギャザーをよせてリボンどうしを結ぶ。

サムライ

Back

かぶと

材料 発泡スチロール製どんぶり（大きめ、直径18センチ×高さ8センチくらい）1個、
ポリ袋 45リットル（黒）半分、
厚紙 15センチ×15センチ、折り紙（金）1枚

> 月の型紙は
> P38をみてね。

1 ポリ袋を40センチ×40センチくらいに切る。

40センチ / 40センチ / ポリ袋

2 どんぶりにポリ袋をかぶせる。

発泡スチロール製のどんぶり

3 くるんで内側ではりつける。

4 30センチ×20センチに切ったポリ袋を折り、うしろ半分にはりつける。

30センチ / 20センチ / 折り山

5 厚紙に折り紙をはり、月の形に切って前につける。

よろい

材料 ダンボール板（18×16センチ）2枚、（18×20センチ）1枚、（8×18センチ）3枚、（18×11センチ）2枚、色画用紙（赤）16×18センチ　2枚、ポリ袋45リットル（黒）半分、カラーロープ（赤）2〜2メートル50センチ、かばんテープ（赤）80センチ、マスキングテープ（5ミリ幅、赤）、1.5センチ幅（白黒ストライプ）

16センチ
18センチ
かた 2枚

18センチ
おなか 3枚
8センチ

11センチ
こし
左右2枚
18センチ

20センチ
こし
まん中1枚
18センチ

〈かた〉
16センチ
3センチ
色画用紙（赤）
かた2枚は
うらがわもくるむ

マスキングテープ（赤）

〈おなか〉

〈こし〉
マスキングテープ
こし3枚は
おもてだけくるむ

24センチ
40センチ
〈かた〉
ポリ袋（黒）

25センチ
22センチ
〈こし〉

18センチ
22センチ
〈こし〉

1 ダンボール板をカッターで切る。

2 おなかの板はマスキングテープでかざる。かた、こしの板はポリ袋でくるんでから、色画用紙やマスキングテープをはる。

ガムテープをまいておく

かばんテープ40センチ

左右をおさえるようにはるといいよ！

かたは横におく
横におく
かたは長いほうを

うら
うら

まん中1か所をしっかりはる

1センチ
うら
うら
カラーロープ40センチ

カラーロープ120〜150センチ
うら
うら
うら

先を結ぶ
2センチ　2センチ
先を結ぶ

3 図のようにつなげる。体に合わせて調整する。

身につけたらガムテープの上からガムテープでとめてね

かたな

材料 チラシや画用紙、アルミホイル　ダンボール板 10×10センチ

40センチくらい

1 チラシや画用紙をかたく丸めてとめる。

まきつける
4センチ
持ち手
1センチ
9.5センチ

2 1にアルミホイルをまきつけてダンボール板のつばをはめる。持ち手にガムテープ（黒）、マスキングテープをまく。

フェアリースティック
のつくりかたは
P37 をみてね!

ベストを着てスカートをはいて
から、チュールスカートを重ね
て、ベルトをまいているよ

Back

バラみたい!

ぼうし

材料　紙製どんぶり（直径 14 センチ、高さ 7.5 センチくらい）
1 個、水切りネット（黄）18 × 25 センチ　4 枚

1枚目

そこ
底

1 紙製どんぶりの底に
水切りネットを 2 枚
はる。

2枚目

2 水切りネットのはじど
うしをはりあわせる。

3 うら返して、水切りネッ
トでつくったお花を 2
つつける。ヘアピンで
髪の毛にとめる。

水切りネット

ちゅうしん
中心からねじる

うしろをテープでとめる

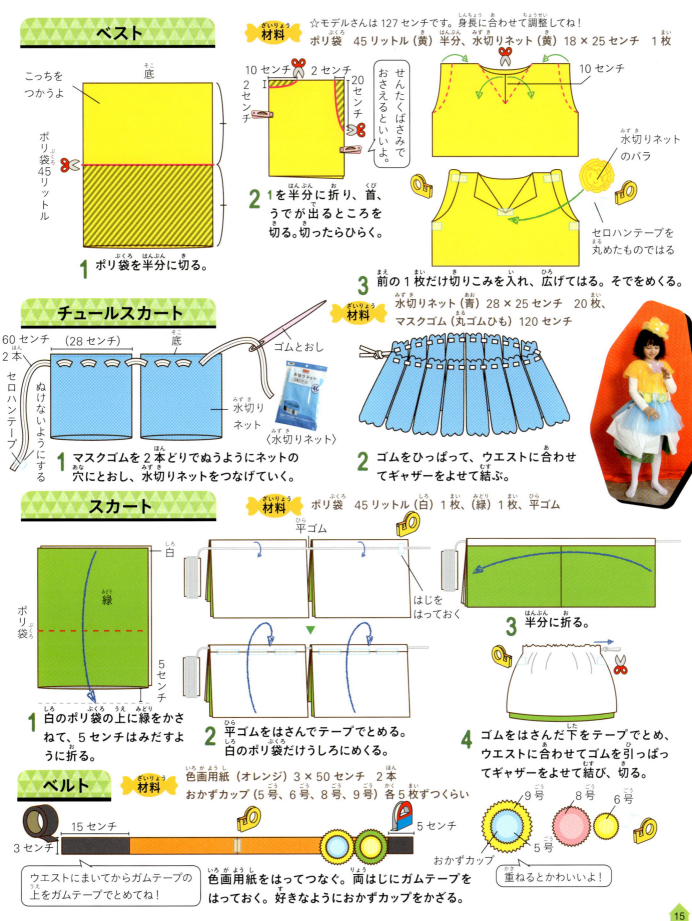

ベスト

☆モデルさんは127センチです。身長に合わせて調整してね！

材料 ポリ袋　45リットル（黄）半分、水切りネット（黄）18×25センチ　1枚

こっちをつかうよ

底

ポリ袋45リットル

1 ポリ袋を半分に切る。

10センチ　2センチ
2センチ
20センチ

せんたくばさみでおさえるといいよ。

2 1を半分に折り、首、うでが出るところを切る。切ったらひらく。

10センチ

水切りネットのバラ

セロハンテープを丸めたものではる

3 前の1枚だけ切りこみを入れ、広げてはる。そでをめくる。

チュールスカート

60センチ　2本
セロハンテープ

ぬけないようにする

（28センチ）

底

ゴムとおし

水切りネット

〈水切りネット〉

1 マスクゴムを2本どりでぬうようにネットの穴にとおし、水切りネットをつなげていく。

材料 水切りネット（青）28×25センチ　20枚、マスクゴム（丸ゴムひも）120センチ

2 ゴムをひっぱって、ウエストに合わせてギャザーをよせて結ぶ。

スカート

材料 ポリ袋　45リットル（白）1枚、（緑）1枚、平ゴム

白

平ゴム

緑

ポリ袋

5センチ

1 白のポリ袋の上に緑をかさねて、5センチはみだすように折る。

はじをはっておく

2 平ゴムをはさんでテープでとめる。白のポリ袋だけうしろにめくる。

3 半分に折る。

4 ゴムをはさんだ下をテープでとめ、ウエストに合わせてゴムを引っぱってギャザーをよせて結び、切る。

ベルト

材料 色画用紙（オレンジ）3×50センチ　2本
おかずカップ（5号、6号、8号、9号）各5枚ずつくらい

3センチ　15センチ　5センチ

ウエストにまいてからガムテープの上をガムテープでとめてね！

色画用紙をはってつなぐ。両はじにガムテープをはっておく。好きなようにおかずカップをかざる。

9号　8号　6号
5号
おかずカップ

重ねるとかわいいよ！

忍者 (にんじゃ)

しゅりけんの
つくりかたは
P 36 をみてね！

Back

ぼうし

材料 (ざいりょう) レジ袋（シルバー）1枚、発砲スチロール製どんぶり1個、丸シール
（白、直径 1.5 センチ（15 ミリ））3枚、色画用紙（黒）5 センチ× 18 センチ

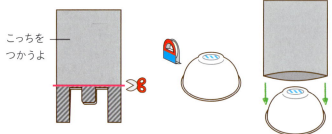

こっちを
つかうよ

1 レジ袋のもち手を
切る。

2 どんぶりの底に両面テープをは
り、1をかぶせてレジ袋の底とど
んぶりの底をはりあわせる。

どんぶりが
入っている
ところ

3 顔を出すところを切り
とる。

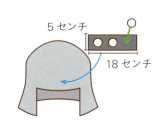

5 センチ

18 センチ

4 色画用紙に丸シールを
はり、3 にはりつける。

上着（うわぎ）

材料 ☆モデルさんは115センチです。身長（しんちょう）に合（あ）わせて調整（ちょうせい）してね！
ポリ袋（ぶくろ）45リットル（黒）1枚、（赤）1枚、レジ袋（シルバー）20×20cm

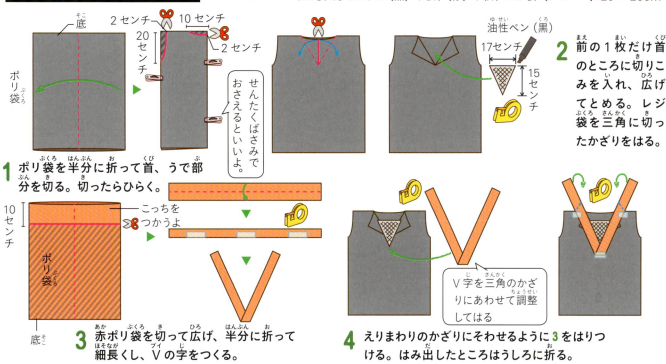

1 ポリ袋を半分（はんぶん）に折（お）って首（くび）、うで部分（ぶぶん）を切（き）る。切ったらひらく。

せんたくばさみでおさえるといいよ。

こっちをつかうよ

2 前（まえ）の1枚（まい）だけ首（くび）のところに切（き）りこみを入（い）れ、広（ひろ）げてとめる。レジ袋（ぶくろ）を三角（さんかく）に切ったかざりをはる。

V字（じ）を三角（さんかく）のかざりにあわせて調整（ちょうせい）してはる

3 赤（あか）ポリ袋（ぶくろ）を切（き）って広（ひろ）げ、半分（はんぶん）に折（お）って細長（ほそなが）くし、Vの字（じ）をつくる。

4 えりまわりのかざりにそわせるように3をはりつける。はみ出（だ）したところはうしろに折（お）る。

ズボン

材料 ポリ袋（ぶくろ）45リットル（黒（くろ））1枚（まい）、
平ゴム（白（しろ））100センチ（1メートル）

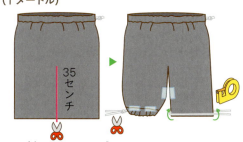

1 ポリ袋（ぶくろ）の口（くち）のほうに平（ひら）ゴムをぐるっとまいて、折（お）ってテープでとめる。平ゴムを引（ひ）っぱってウエストに合（あ）わせてギャザーをよせて結（むす）ぶ。袋（ふくろ）の底（そこ）を切（き）る。

結（むす）ぶ

35センチ

2 まん中（なか）を35センチ切（き）る。すそにゴムをぐるっとまいて。折（お）ってテープでとめる。平（ひら）ゴムを引（ひ）っぱってギャザーをよせて結（むす）ぶ。

帯（おび）

材料 ポリ袋（ぶくろ）45リットル（赤（あか））1枚（まい）

3 ひっくり返（かえ）してできあがり。

半分（はんぶん）に切（き）ってつなげて帯（おび）をつくる。

上着（うわぎ）で残（のこ）ったポリ袋（ぶくろ）をつかってもOK！

うで・あし

材料 色画用紙（いろがようし）
八ツ切（やつぎ）り（赤（あか）・シルバー）各（かく）1枚（まい）

うで　マスキングテープ

8センチ
25センチ

あし　油性ペン（ゆせいペン）（黒（くろ））

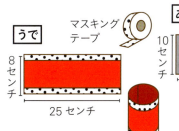

10センチ
25〜30センチ

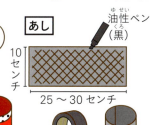

わっかにして、体（からだ）に合（あ）わせてガムテープではる。

Peter Pan vs Pirate

ピーターパン 対 海賊

Let's go together!
いっしょに行こう！

Take me to Neverland!
ネバーランドにつれてって！

海賊のつくりかたは P22
ピーターパンのつくりかたは P30

Back

花かご

材料　紙製どんぶり（直径 14 センチ、高さ 7.5 センチくらい）1 個、色画用紙（オレンジ）3 × 45 センチ、（きみどり）14 × 14 センチ、（ピンク）7 × 7 センチ、（水色）7 × 7 センチ

原寸

型紙

3 センチ

45 センチ

丸めた
ティッシュなど

紙製
どんぶり

できあがり！

1 紙製どんぶりにもようをかく。オレンジの色画用紙で持ち手をつくる。

2 持ち手をつけ、丸めたティッシュなどをつめ、色画用紙を切ったお花をのせる。

☆モデルさんは 127 センチです。身長に合わせて調整してね！

ずきん

材料 フェルト（赤）60 × 70 センチ、リボン（ピンク）120 センチ、お花のかざりテープ 145 センチ

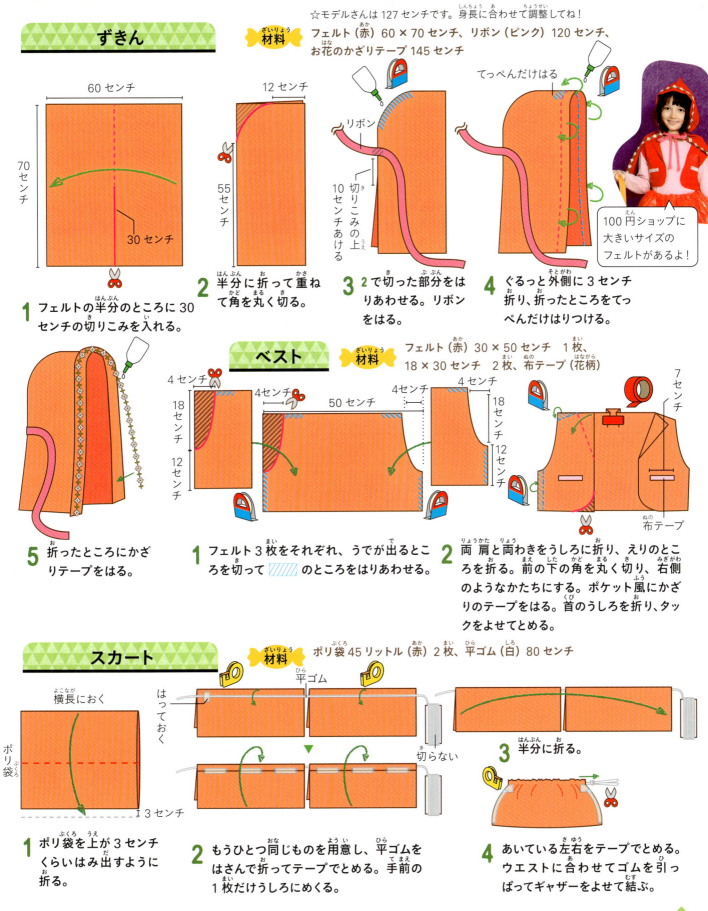

60 センチ

70 センチ

30 センチ

1 フェルトの半分のところに 30 センチの切りこみを入れる。

12 センチ

55 センチ

2 半分に折って重ねて角を丸く切る。

リボン

切りこみの上 10 センチあける

3 2 で切った部分をはりあわせる。リボンをはる。

てっぺんだけはる

4 ぐるっと外側に 3 センチ折り、折ったところをてっぺんだけはりつける。

100 円ショップに大きいサイズのフェルトがあるよ！

5 折ったところにかざりテープをはる。

ベスト

材料 フェルト（赤）30 × 50 センチ 1 枚、18 × 30 センチ 2 枚、布テープ（花柄）

4 センチ

18 センチ

12 センチ

4 センチ

50 センチ

4センチ

4 センチ

18 センチ

12 センチ

7 センチ

布テープ

1 フェルト 3 枚をそれぞれ、うでが出るところを切って ▨ のところをはりあわせる。

2 両肩と両わきをうしろに折り、えりのところを折る。前の下の角を丸く切り、右側のようなかたちにする。ポケット風にかざりのテープをはる。首のうしろを折り、タックをよせてとめる。

スカート

材料 ポリ袋 45 リットル（赤）2 枚、平ゴム（白）80 センチ

横長におく

ポリ袋

3 センチ

1 ポリ袋を上が 3 センチくらいはみ出すように折る。

はっておく

平ゴム

切らない

3 半分に折る。

2 もうひとつ同じものを用意し、平ゴムをはさんで折ってテープでとめる。手前の 1 枚だけうしろにめくる。

4 あいている左右をテープでとめる。ウエストに合わせてゴムを引っぱってギャザーをよせて結ぶ。

海賊（かいぞく）

PIRATE

Back

ポリ袋（緑）
ここも切る
こっちをつかうよ
緑のポリ袋を細長く切ったものをこしにまいているよ！

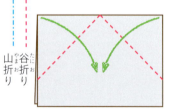

ぼうし

材料（ざいりょう） 新聞紙1枚、折り紙（赤）1枚、マスキングテープ（赤）

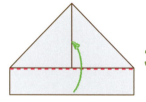

山折り（やまおり）／谷折り（たにおり）

1 新聞紙の見開きを半分に折ったサイズからスタート。左右の角を三角にまん中合わせで折る。

2 手前の1枚だけ折って、左右のはみ出しているところをうしろに折る。

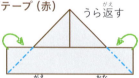

うら返す

3 うら返して、2と同じように折る。

4 内側からくるっとめくりあげてふちをつくる。

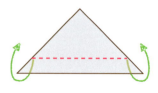

折り紙

マスキングテープ

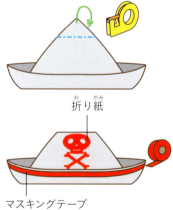

5 とんがりを折ってはり、どくろを切ってはる。

どくろの型紙はP38をみてね！

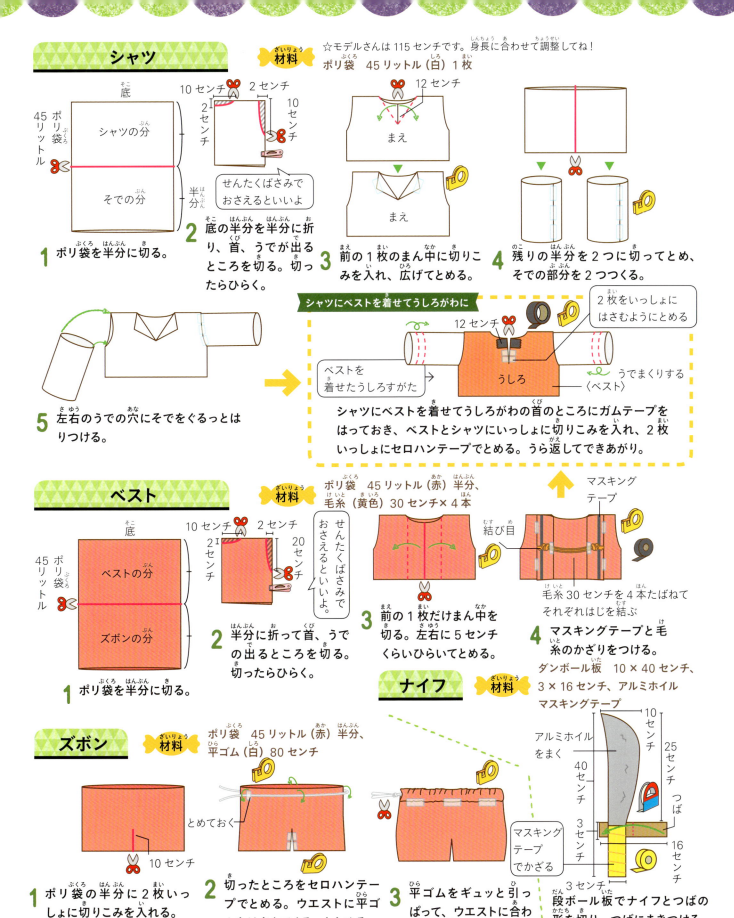

☆モデルさんは115センチです。身長に合わせて調整してね!

シャツ

材料　ポリ袋　45リットル（白）1枚

10センチ　2センチ

2センチ　10センチ

底
シャツの分
ポリ袋 45リットル
そでの分
半分

1 ポリ袋を半分に切る。

2 底の半分を半分に折り、首、うでが出るところを切る。切ったらひらく。

せんたくばさみでおさえるといいよ

12センチ

まえ

まえ

3 前の1枚のまん中に切りこみを入れ、広げてとめる。

4 残りの半分を2つに切ってとめ、そでの部分を2つつくる。

5 左右のうでの穴にそでをぐるっとはりつける。

シャツにベストを着せてうしろがわに

2枚をいっしょにはさむようにとめる

12センチ

ベストを着せたうしろすがた

うしろ　〈ベスト〉

うでまくりする

シャツにベストを着せてうしろがわの首のところにガムテープをはっておき、ベストとシャツにいっしょに切りこみを入れ、2枚いっしょにセロハンテープでとめる。うら返してできあがり。

ベスト

材料　ポリ袋　45リットル（赤）半分、毛糸（黄色）30センチ×4本

マスキングテープ

10センチ　2センチ

2センチ　20センチ

底
ベストの分
ポリ袋 45リットル
ズボンの分

1 ポリ袋を半分に切る。

せんたくばさみでおさえるといいよ。

2 半分に折って首、うでの出るところを切る。切ったらひらく。

3 前の1枚だけまん中を切る。左右に5センチくらいひらいてとめる。

結び目

毛糸30センチを4本たばねてそれぞれはじを結ぶ

4 マスキングテープと毛糸のかざりをつける。

ナイフ

材料　ダンボール板　10×40センチ、3×16センチ、アルミホイル　マスキングテープ

アルミホイルをまく

10センチ
25センチ
つば

40センチ

3センチ

16センチ

マスキングテープでかざる

3センチ

段ボール板でナイフとつばの形を切り、つばにまきつける。

ズボン

材料　ポリ袋　45リットル（赤）半分、平ゴム（白）80センチ

10センチ

とめておく

1 ポリ袋の半分に2枚いっしょに切りこみを入れる。

2 切ったところをセロハンテープでとめる。ウエストに平ゴムをはさんでぐるっととめる。

3 平ゴムをギュッと引っぱって、ウエストに合わせて、結んで切る。

フルーツパフェ

Yummy
おいしーい

Back

ぼうし

材料　発泡スチロール製どんぶり（大きめ、直径18センチ、高さ8センチくらい）1個、
ポリ袋45リットル（赤）半分、モール（ラメ入り緑）18センチ1本、
お花紙（ピンク）7枚

40センチ

40センチ

ポリ袋

1 ポリ袋を40セン
チ×40センチく
らいに切る。

2 どんぶりにポリ袋
をかぶせる。
発泡スチロール製どんぶり

3 くるんで内側
ではりつける。

底部分の
まん中

4 目打ちで穴をあけて、モー
ルを通してとめる。お花
紙のリボンをつける。

中で折ってはる

5枚
のこす

左右2枚ずつをまん中で丸める

お花紙のリボンのつくりかたはP36をみてね

24

ベスト

材料

ポリ袋45リットル（白）半分、（黄）たて半分、
お花紙のお花（ピンク）20個分（7枚で1個分…140枚）

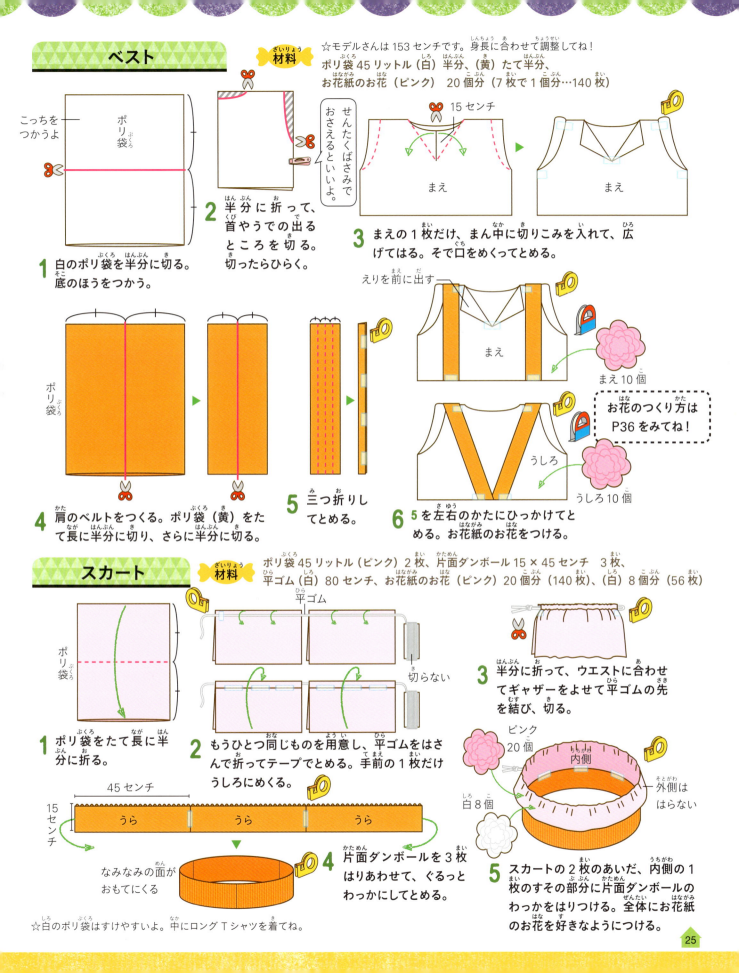

1 白のポリ袋を半分に切る。底のほうをつかう。

こっちをつかうよ

ポリ袋

2 半分に折って、首やうでの出るところを切る。切ったらひらく。

せんたくばさみでおさえるといいよ。

3 まえの1枚だけ、まん中に切りこみを入れて、広げてはる。そで口をめくってとめる。

15センチ

まえ

まえ

4 肩のベルトをつくる。ポリ袋（黄）をたて長に半分に切り、さらに半分に切る。

ポリ袋

5 三つ折りしてとめる。

6 5を左右のかたにひっかけてとめる。お花紙のお花をつける。

えりを前に出す

まえ

うしろ

まえ10個

うしろ10個

お花のつくり方はP36をみてね！

スカート

材料

ポリ袋45リットル（ピンク）2枚、片面ダンボール15×45センチ　3枚、
平ゴム（白）80センチ、お花紙のお花（ピンク）20個分（140枚）、（白）8個分（56枚）

1 ポリ袋をたて長に半分に折る。

ポリ袋

2 もうひとつ同じものを用意し、平ゴムをはさんで折ってテープでとめる。手前の1枚だけうしろにめくる。

平ゴム

切らない

3 半分に折って、ウエストに合わせてギャザーをよせて平ゴムの先を結び、切る。

45センチ

15センチ

うら　うら　うら

なみなみの面がおもてにくる

4 片面ダンボールを3枚はりあわせて、ぐるっとわっかにしてとめる。

5 スカートの2枚のあいだ、内側の1枚のすそ部分に片面ダンボールのわっかをはりつける。全体にお花紙のお花を好きなようにつける。

ピンク20個

内側

白8個

外側ははらない

☆白のポリ袋はすけやすいよ。中にロングTシャツを着てね。

ライオン

Grrrr!!
グァァァオ！

Back

tail
しっぽ

おめん

材料 紙皿（直径23センチ）2枚、キラキラモール（金）150センチ、色画用紙（黄緑）八つ切り1枚、（茶）7×14センチ、（ピンク）5×10センチ、輪ゴム1本

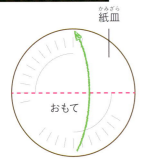

紙皿

おもて

1 紙皿を半分に折って、まん中を丸く切りぬく。

うら

顔が出るかたしかめてね！

チクチクするから顔のまわりは少しあけてはろう！

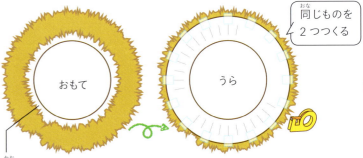

おもて

うら

同じものを2つつくる

2 紙皿のふちにぐるっとキラキラモールをはりつける。

上着（うわぎ）

材料　ポリ袋 45 リットル（黄色）1 枚、キラキラモール（金）60 センチ、カラーロープ（黄色）80 センチ

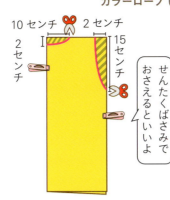

底（そこ）

ポリ袋（ぶくろ）

1 ポリ袋を半分（はんぶん）に折（お）る

10 センチ　2 センチ
2 センチ
15 センチ

せんたくばさみでおさえるといいよ

2 首（くび）、うでが出（で）るところを切（き）る。切ったらひらく。

15 センチ

前（まえ）　前（まえ）

3 前（まえ）の 1 枚（まい）だけ、まん中（なか）に切（き）りこみを入（い）れ、広（ひろ）げてはる。

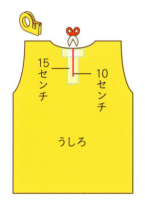

15 センチ　10 センチ

うしろ

4 うら返（がえ）して首（くび）と背中（せなか）にＴ字（じ）にセロハンテープをはり、その上（うえ）に切（き）りこみを入（い）れる（着（き）たあとに上（うえ）からテープでとめる）。

ロープ

キラキラモール 60 センチ

前（まえ）

5 すそをギザギザに切（き）る。かたのところにロープを通（とお）して結（むす）ぶ。キラキラモールを首（くび）まわりにゆったりとはる。

しっぽ

材料　毛糸（けいと）（黄色）1 玉（たま）、キラキラモール（金）2 メートル〜

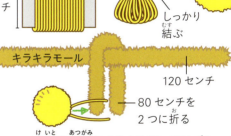

40 〜 50 回（かい）まく

15 センチ　厚紙（あつがみ）

しっかり結（むす）ぶ

キラキラモール

120 センチ

80 センチを 2 つに折（お）る

毛糸（けいと）を厚紙（あつがみ）にぐるぐるまいてはずし、まん中（なか）をしっかり結（むす）んでわを切（き）る。キラキラモールの先（さき）に結（むす）びつける。

耳（みみ）の型紙（かたがみ）はP38 をみてね！

25 センチ

6 センチ　色画用紙（いろがようし）

同（おな）じものを 3 本（ぼん）つくる

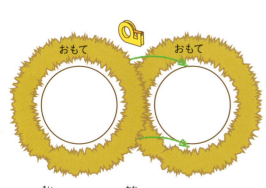

おもて　おもて

3 2 枚（まい）をかさねて、顔（かお）まわりをおおうようにぐるっとセロハンテープではりあわせる。

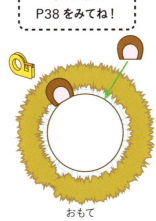

おもて

4 耳（みみ）をつくってはる。

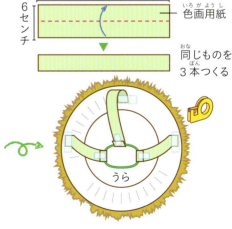

うら

5 色画用紙（いろがようし）で帯（おび）を 3 本（ぼん）つくり、左（ひだり）右（みぎ）と上（うえ）につける。それぞれの先（さき）に輪（わ）ゴムをはさんでとめる。

☆キラキラモールが顔（かお）のほうにはみ出（だ）さないようにね！　☆中（なか）にロングＴシャツ、ズボンやタイツなどを着（き）てね！

27

うさぎ

Cake!

ケーキのつくり方は
P37を見てね!

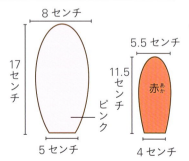

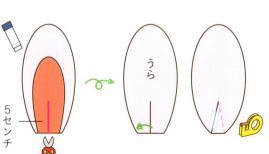

Back

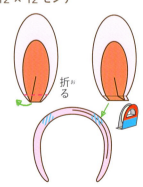

耳カチューシャ

材料 色画用紙（ピンク）20×20センチ、（赤）12×12センチ

8センチ

17センチ

5センチ

ピンク

5.5センチ

11.5センチ

4センチ

赤

5センチ

うら

折る

1 ピンクと赤の色画用紙をそれぞれ2枚ずつ、耳の形に切る。

2 2枚を重ねてはりあわせる。切りこみを入れ、うら返して切ったところを重なるようにずらしてとめる。これを2枚つくる。

3 下の部分を少し折ってカチューシャにはりつける。

ベスト

☆モデルさんは 153 センチです。身長に合わせて調整してね！

材料 ポリ袋 45 リットル（白）半分（しっぽパンツとセットで 1 枚）、
お花紙のお花（白）2 個分（14 枚）、モールか輪ゴム 2 本

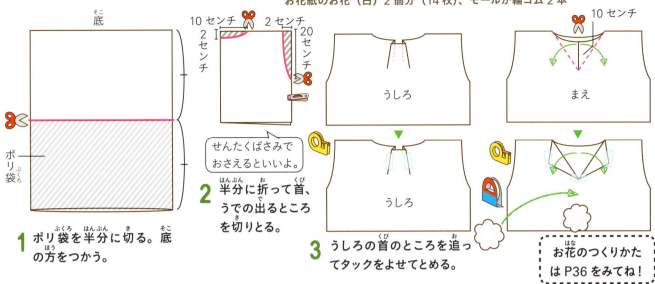

10 センチ　　　2 センチ

2 センチ　　　20 センチ

2 センチ

底

ポリ袋

うしろ　　　まえ

10 センチ

うしろ

1 ポリ袋を半分に切る。底の方をつかう。

せんたくばさみでおさえるといいよ。

2 半分に折って首、うでの出るところを切りとる。

3 うしろの首のところを追ってタックをよせてとめる。

お花のつくりかたは P36 をみてね！

4 前の 1 枚のまん中に切りこみを入れ、広げてはる。お花をふたつはる。

しっぽパンツ

材料 ポリ袋 45 リットル（白）半分、お花紙のお花（白）1 個分（7 枚）、
モールか輪ゴム 1 本

まえ・うしろともにテープでとめる

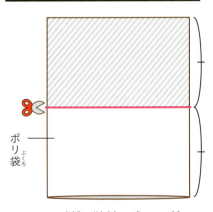

ポリ袋

2 センチ　　10 センチ　　2 センチ

切れ目

切れ目

1 ポリ袋を半分に切って口のほうをつかう。

2 まん中は 2 枚いっしょに、左右ははじっこに切りこみを入れる。

3 2 で入れたはじっこの切れ目からスタートして、平ゴムをはさんでとめる。ギュッと引っぱり結んで切る。左右ともに同じようにする。

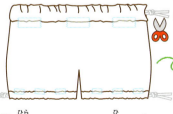

おしり側

4 ウエストも平ゴムをはさんでとめる。

5 平ゴムをギュッと引っぱって結んで切る。

6 うら返して、セロハンテープが出ないようにする。おしりにお花をつける。

お花のつくりかたは P36 をみてね！

白はすけやすいから、中にロング T シャツ、レギンスやタイツなどをはいてね！グレーやしましまでもかわいいよ！

ピーターパン

ティンカーベルの切り紙の型紙はP38をみてね！

Back

ぼうし

🍬材料
ポリ袋45リットル（緑）1枚、
色画用紙（赤）10×20センチ

はねの型紙はP38をみてね

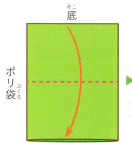

底

ポリ袋

1 下に半分に折る。

2 左右の角をまん中に合わせて三角に折る。

3 点線で折る。

（折ったところ）

うしろ

4 うしろ側にして左右をまん中に合わせて折る。

5 上の角を**4**で折ったところにさしこむ。
下の角を三角に折り、折ったところを上に折りこんでテープでとめる。

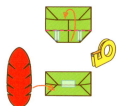

シャツ

☆モデルさんは 128 センチです。身長に合わせて調整してね！

材料 ポリ袋 45 リットル（緑）2 枚、マスキングテープ（赤）

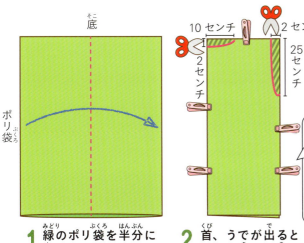

1 緑のポリ袋を半分に折る。

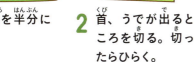

2 首、うでが出るところを切る。切ったらひらく。

せんたくばさみでおさえるといいよ。

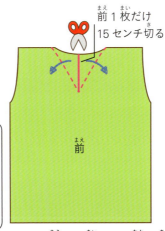

前 1 枚だけ 15 センチ切る

3 前の 1 枚のまん中に切りこみを入れて広げてはる。赤いテープのかざりをつけ、すそをギザギザに切る。

マスキングテープ（赤）

4 ポリ袋を 20 × 40 センチに 2 枚切り、そでを 2 つつくる。3 の左右のうでの穴にぐるっとはりつける。そで口の穴をつぶさないように、はじっこどうしをぐるっとはる。

ギザギザに切る

ナイフ

材料 ボール紙 5 センチ× 20 センチ、4 × 14 センチ、色画用紙（茶）15 × 15 センチ

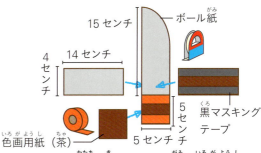

15 センチ / ボール紙
14 センチ
4 センチ
5 センチ
5 センチ
黒マスキングテープ
色画用紙（茶）

ナイフの形に切ったボール紙に色画用紙をはり、マスキングテープでかざる。

ベルト

材料 色画用紙 八つ切り（茶）1 枚、（オレンジ）6 センチ× 7 センチ

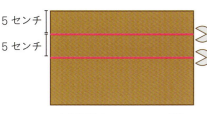

5 センチ
5 センチ

ペン 茶

6 センチ
7 センチ

1 色画用紙を 5 センチ幅で 2 本切る。オレンジの紙でバックルをつくる。

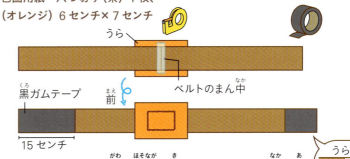

うら
ベルトのまん中
黒ガムテープ
前
15 センチ
うら
ベタベタのところ

2 バックルのうら側に細長く切ったベルトをまん中で合わせてはる。両はじにガムテープをはっておく。体にまいてから、ガムテープの上からガムテープをはってとめる。

☆ポリ袋がすけやすいときは、中にロング T シャツやズボンを着てね！

しゃしょうさんとでんしゃくん

みぎよーし　ひだりよーし
しゅっぱつしんこーう

次は○○にとまりまーす

えりつきネクタイ

材料　画用紙 8 × 36 センチ　【しゃしょうさん】色画用紙（赤）7 × 18 センチ
【でんしゃくん】色画用紙（緑）7 × 18 センチ

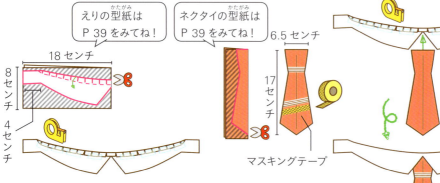

えりの型紙は
P 39 をみてね！

ネクタイの型紙は
P 39 をみてね！

18 センチ

8 センチ

4 センチ

6.5 センチ

17 センチ

マスキングテープ

うら

おもて

服にセロテープで
とめているよ！

1 図のように画用紙を切り、えりの
形にする。肌がふれるところは
切りこみを入れて折り、とめる。

2 色画用紙をそれぞれネクタイ
の形に切り、マスキングテー
プでラインを入れる。

3 えりにネクタイをはる。

ここをはるよ

しゃしょうさん

材料 色画用紙　八つ切り（青）1枚、（黒）3×25センチ、（黄）8×8センチ、（赤）4×4センチ、ホイル　折り紙（青）2×2センチ、毛糸（黄）太め　25センチ、アルミホイル15×15センチ、輪ゴム2本、ティッシュペーパー

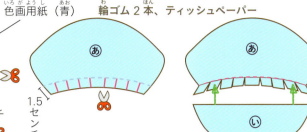

1 色画用紙（青）を⑤と⑥の形に切る。

色画用紙（青）

24センチ
12センチ
4センチ　16センチ　4センチ
⑤

6センチ
19センチ
⑥

2 8か所くらい切りこみを入れる。
1.5センチ
⑤

3 切りこみをたてるように折り、⑥をそわせてはる。
⑤
⑥

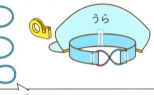

4 マスキングテープや毛糸でかざる。
5センチ
毛糸

5 アルミホイルでティッシュをくるみ、色画用紙や折り紙のかざりをつけたエンブレムをつける。

ティッシュペーパー
アルミホイル
7センチくらい

型紙はP39をみてね！

6 細長い色画用紙に輪ゴムをつなげたものをはさんでつけ、わっかにする。⑤のうらにつける。

3センチ
22センチ　22センチ
2センチ　セロハンテープ　つなげる　2センチ
頭の大きさに合わせてゴムをつなげてね！
うら

7 色画用紙の細長いおびをつくってまん中にとりつける。

25センチ
3センチ
うら
輪ゴムをはさんでテープでとめる

でんしゃくん

材料 ティッシュの空き箱1つ、色画用紙　八つ切り（グレー）1枚、（黄）4×4センチ、平ゴム（黒）70センチ、ホイル折り紙（青）1枚

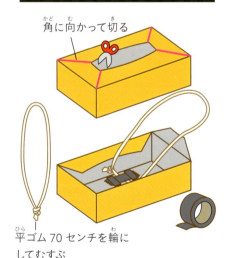

角に向かって切る

平ゴム70センチを輪にしてむすぶ

1 ティッシュの空き箱の穴から切りこみを入れて、穴のある面を中に折りこみ、とめる。平ゴムを輪にしたものを底の中心にしっかりとめる。

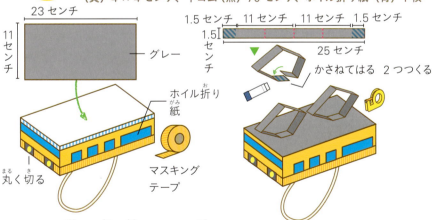

23センチ
11センチ
グレー

ホイル折り紙
丸く切る
マスキングテープ

1.5センチ　11センチ　11センチ　1.5センチ
1.5センチ
25センチ
かさねてはる　2つつくる

2 うら返して底を上にしたら、色画用紙を上の面にはる。マスキングテープ、折り紙でかざる。

3 グレーの色画用紙を細長く切ったものをダイヤ型に折ってつける。

☆平ゴムの長さはじぶんに合わせて調節してね！
☆平ゴムの色はわかりやすいように変えて表示しています。

GO!

いただき　　　　ます！！　　　　たべる？　　　　あーん

Yummy!
おいしーい！

ピザ

材料

紙皿（直径 26 センチ　バーベキューなどにつかうふちのあるじょうぶなタイプ）1 枚、クラフト紙　直径 35 センチの円 1 枚、色画用紙　八つ切り（赤、黄）各 1 枚、（緑）15 × 15 センチ、（オレンジ）10 × 10 センチ、カチューシャ　1 つ

1 紙皿にのりか両面テープをつけ、クラフト紙をはる。

35 センチ
クラフト紙
おもて
おもて

2 ふちをくるむようにしてはる。

うら

3 色画用紙をちぎってケチャップ、チーズをつくってはる。ピーマン、サラミを切ってはる。

細長くちぎってさらにちぎる
20 センチくらいラフにまるくちぎる

4 1 ピースだけ切りとる。うらにテープでとめておく。カチューシャにつける。

スパゲッティ

材料

アルミ皿　18 × 26 センチ、毛糸（オフホワイト）半〜1 玉、折り紙（茶）15 × 15 センチ、（緑）5 × 5 センチ、木のフォーク 1 本、カチューシャ　1 つ

1 アルミ皿にほぐした毛糸をはる。

2 折り紙にもようをつける。

黄色の丸もよう
緑のてんてんもよう

3 2 をくしゃくしゃにして、角を丸くうしろに折る。

まん丸じゃなくだ円の形に！

4 1 の上に 3 をのせてはる。緑の折り紙を小さくちぎってはる。カチューシャにつける。

緑の折り紙

5 木のフォークに毛糸をからませるようにはる。

注意　先がとがっているフォークはつかわないでね！

ピーマン　サラミ

型紙

原寸
原寸
ピーマン

原寸
サラミ

かんたんでおもしろい！

ピーマンは紙を半分に折ってから、うつして切ってね。

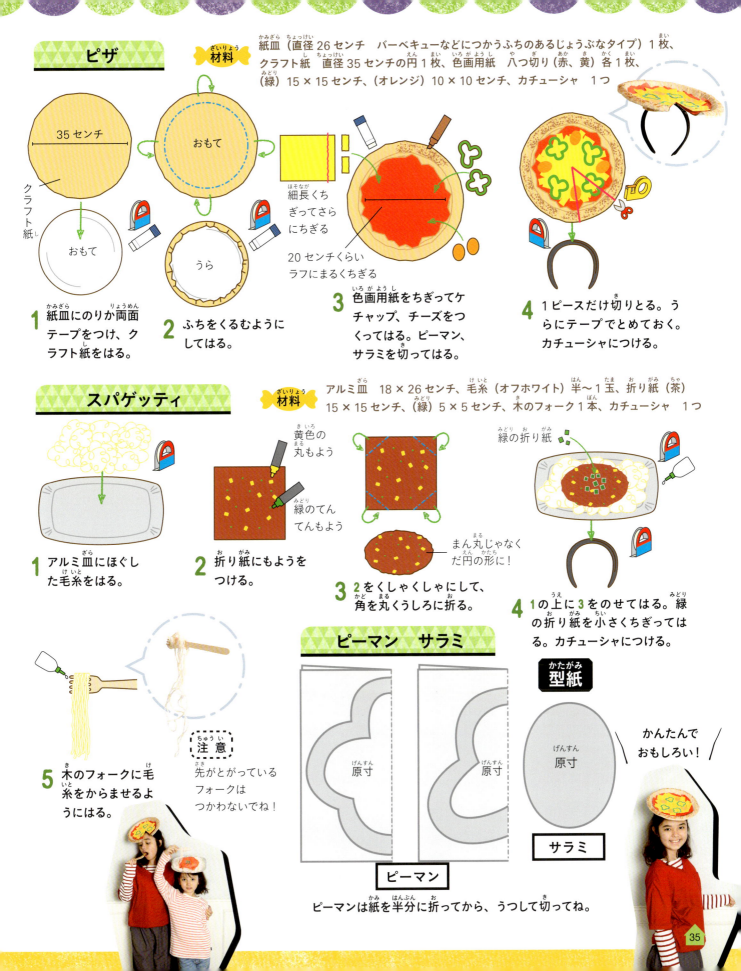

p25,29 お花紙（はながみ）のリボンとお花（はな）

材料（ざいりょう）　お花紙（はながみ）　5〜7枚（まい）、輪（わ）ゴムかモール、またはホチキス

1 半分（はんぶん）に折（お）る。
♡ 1センチ幅（はば）くらいで、いきなりじゃばら折（お）りにしても OK！

2 さらに半分（はんぶん）に折（お）る。

3 さらに半分（はんぶん）に、また半分（はんぶん）に折（お）る。
折（お）ったところ

4 全部（ぜんぶ）広（ひろ）げ、折（お）りすじでじゃばらに折（お）る。

P25「フルーツパフェ」P29「うさぎ」につかうよ！

5 折（お）ったものをまとめ、中心（ちゅうしん）を輪（わ）ゴムかモールでとめる。またはホチキスでしっかりとめる。

6 広（ひろ）げる。

7 1枚（まい）ずつ、やぶれないようにおこしていく。

丸（まる）くする

おこすのを、それぞれ半分（はんぶん）で終（お）わらせるとぼうしにつけているリボンができるよ！

全部（ぜんぶ）おこしたらできあがり！

p16 忍者（にんじゃ）のしゅりけん

材料（ざいりょう）　折（お）り紙（がみ）（好（す）きな色（いろ））　15×15センチ　2枚（まい）

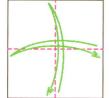

1 2枚（まい）をそれぞれ十字（じゅうじ）に折（お）りすじをつける。

2 2枚（まい）とも、まん中（なか）の折（お）りすじに合（あ）わせて折（お）る。

3 さらに半分（はんぶん）に折（お）る。

4 角（かど）を図（ず）のようにななめに折（お）る。

折（お）ったところ

ⓘはうら返（がえ）す

さしこんだところ

5 ★のへんを真（ま）ん中（なか）の折（お）りすじにあわせて三角（さんかく）に折（お）る。

6 それぞれ図（ず）の形（かたち）になるようにおいたら7の形（かたち）になるように重（かさ）ねる。

7 下（した）においたⓘの角（かど）をⓐにさしこむ。

8 うらがえしたら下（した）に来（き）たⓐの角（かど）をⓘにさしこむ。

できあがり！

いろんな色（いろ）のくみあわせでつくってみてね！

p8 プリンセスのベルト

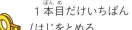

材料 リボン（白）170 センチ、不織布の水切りフィルター（白）8 枚

ここだよ！

不織布
水切りフィルター

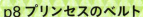

1 水切りフィルターを 2 つに折る。

折ったところ

2 リボンをはさんでとめる。

1 本目だけいちばんはじをとめる

40 センチ

3 手前の 1 枚だけうしろにめくる。

4 ギャザーをよせて 2 枚目をつける。8 枚とも同じようにくり返して、ベルトをつくる。

1 枚目

2 枚目

---

p14 妖精のフェアリースティック

材料 ストロー（曲がらないタイプ）2 本　※曲がるストローをつかう場合は曲がるところを切ろう、色画用紙（むらさき）　10 × 10 センチ

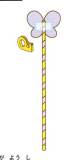

型紙

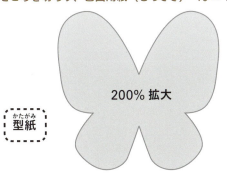

200% 拡大

1 ストローをつなげる。

2 色画用紙をちょうの形に切ってはりつける。

---

p29 うさぎのケーキ

材料 牛乳パック　折り紙（好きな色柄）7.5 × 7.5 センチ　8 〜 10 枚、15 × 15 センチ　1 枚、ティッシュペーパー 5 〜 6 枚

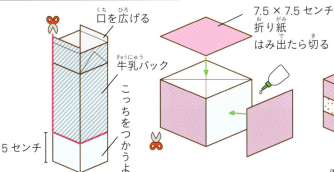

口を広げる

牛乳パック

こっちをつかうよ

5 センチ

7.5 × 7.5 センチ
折り紙
はみ出たら切る

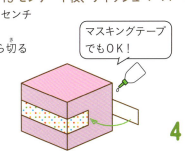

マスキングテープでもOK！

ティッシュ
ペーパー

2 枚重なっているのではがす

4 ティッシュペーパーをうすい 1 枚にしてねじねじする。

1 牛乳パックに赤い線から切りこみを入れ、ぐるっと切りとる。

2 底を上にして、折り紙をまわりにはる。

3 細長く切った折り紙をまきつける。

7.5 × 7.5 センチ折り紙

うら ▶ うら ▶

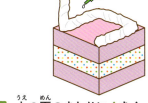

5 上の面のまわりに **4** をぐるっとはる。

6 ねじねじティッシュをぐるぐるまきにしたクリームをはる。

7 折り紙でティッシュ薄紙 1 枚を丸めたものをくるみ、左右をねじってキャンディの形に。そのままくるんで丸めればチェリーになるよ。

8 キャンディやチェリーをのせてはって、できあがり！

37

あるとべんり！ アイテム＆型紙

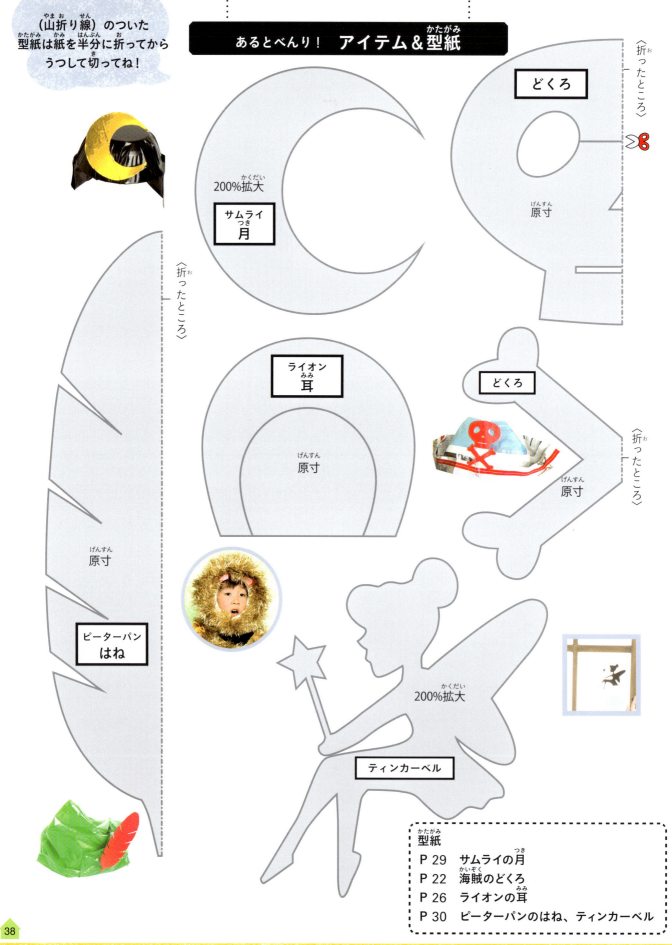

〈折ったところ〉

どくろ

200%拡大

サムライ
月

原寸

ライオン
耳

原寸

どくろ

原寸

〈折ったところ〉

〈折ったところ〉

原寸

ピーターパン
はね

200%拡大

ティンカーベル

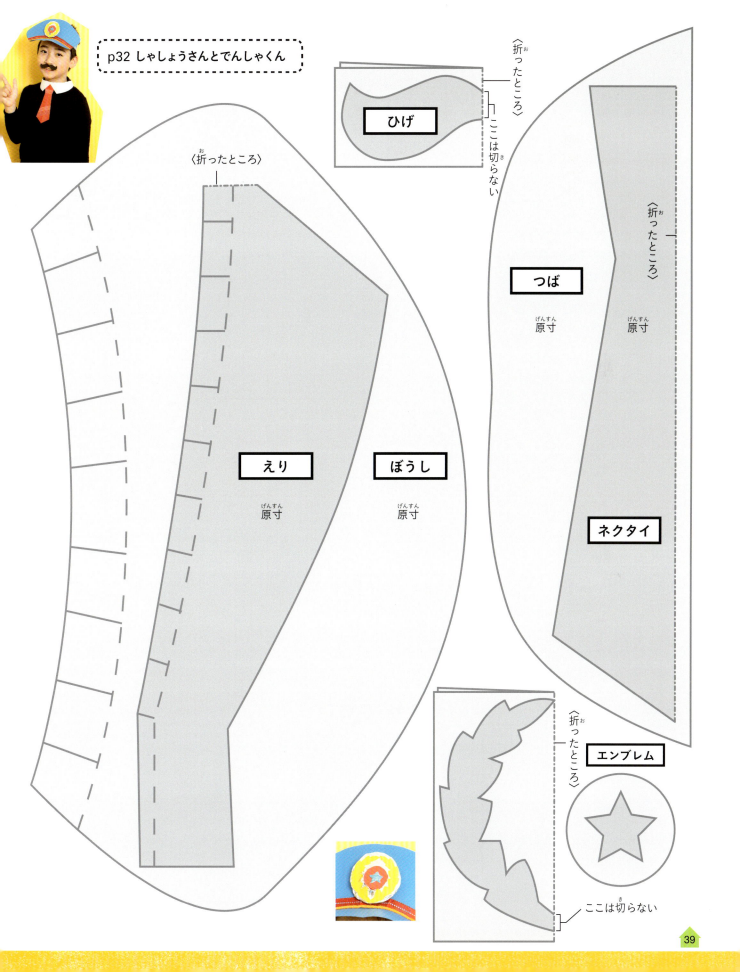

p32 しゃしょうさんとでんしゃくん

ひげ

〈折ったところ〉

ここは切らない

〈折ったところ〉

つば

原寸

原寸

えり

原寸

ぼうし

原寸

〈折ったところ〉

ネクタイ

〈折ったところ〉

エンブレム

ここは切らない

39

作　いしかわ☆まりこ

千葉県生まれの造形作家。
おもちゃメーカーにて開発・デザインを担当後、映像制作会社で幼児向けビデオの制作や、NHK「つくってあそぼ」の造形スタッフをつとめる。現在はEテレ「ノージーのひらめき工房」の工作の監修(アイデア、制作)を担当中。
工作、おりがみ、立体イラスト、人形など、こどもや親子、女性向けの作品を中心に、こども心を大切にした作品をジャンルを問わず発表している。親子向けや指導者向けのワークショップも開催中。
著書に「カンタン！かわいい！おりがみあそび①〜④」(岩崎書店)、「たのしい！てづくりおもちゃ」「おって！きって！かざろうきりがみ」〈2冊とも親子であそべるミニブック〉(ポプラ社)、「みんな大好き！お店やさんごっこ - かんたんアイテム150」(チャイルド本社)、「ラクラク！かわいい！！女の子の自由工作BOOK」(主婦と生活社)などなど。

写真　安田仁志
図版作成　もぐらぽけっと
デザイン　池田香奈子
協力　ひびのさほ

モデル　　(※身長は撮影時)
美乃里フラナガン〈シュガーアンドスパイス〉(153センチ)
愛華フラナガン〈シュガーアンドスパイス〉(127センチ)
武智知寿 (128センチ)
武信今 (115センチ)

おりがみ提供

協和紙工株式会社

〒799-0422
愛媛県四国中央市中之庄町1694-2
TEL　(0896) 23-3533
100円ショップなどで購入ができます。

魔女やおばけに変身！
楽しいハロウィン工作
❷妖精・忍者ほか

2017年9月　初版第一刷発行

作　いしかわ☆まりこ
発行者　小安宏幸
発行所　株式会社汐文社

〒102-0071
東京都千代田区富士見1-6-1
TEL 03-6862-5200　FAX 03-6862-5202
http://www.choubunsha.com

印刷　新星社西川印刷株式会社
製本　東京美術紙工協業組合

ISBN 978-4-8113-2398-5